10 Breves maneras de conquistar la libertad financiera

Índice

Introducción..3
¿Qué es la libertad financiera? 4
Crear contenido en línea 8
Marketing de afiliados 11
Comercio electrónico 15
Crear un curso en línea 19
Crowdfunding 24
Inversión en criptomonedas 29
Trading de divisas 34
Crear una aplicación móvil 37
Invertir en bienes raíces 41
Invertir en acciones, fondos o ETFs 44
Conclusión ....…..............51

Introducción

En la actualidad, hay muchas maneras de conseguir la libertad financiera en la era digital. Si bien hay algunas formas tradicionales de conseguir ingresos pasivos, también hay formas innovadoras de lograrlo con recursos digitales. Estas pueden ser una forma más segura y rentable de lograr la libertad financiera.

En este libro, nos aproximaremos a las mejores estrategias para conseguir la libertad financiera en la actualidad con recursos digitales o plataformas de internet y con poca o ninguna inversión inicial. Estudiaremos y explicaremos cada una de estas estrategias y veremos cómo podemos utilizarlas para lograr nuestros objetivos financieros.

¿Qué es la libertad financiera?

La libertad financiera es un estado en el que una persona o una familia goza de una seguridad financiera y una situación financiera fuerte y sostenible. Esto significa que tienen suficientes activos para cubrir sus necesidades y deseos ahora y en el futuro. Esto también significa que tienen suficiente flexibilidad financiera para hacer los cambios que quieran en sus vidas para alcanzar sus metas y objetivos.

La libertad financiera es una parte importante de la libertad financiera. Esto significa que una persona tiene libertad para elegir cómo gastar su dinero, cómo invertirlo y cómo usarlo para alcanzar sus metas financieras. Esto también significa que una persona puede tomar decisiones financieras sin estar sometida a ninguna presión externa.

Una persona con libertad financiera es capaz de ahorrar dinero y tener ingresos estables y suficientes para vivir de forma segura. Esto significa que esta persona tiene la libertad de elegir cómo gastar su dinero, en qué invertirlo y cómo usarlo para alcanzar sus metas financieras. Esta persona también puede tomar decisiones financieras sin estar sometida a ninguna presión externa.

Alcanzar la libertad financiera no es una tarea fácil. Requiere compromiso y disciplina. Una persona debe tener una fuerte mentalidad financiera y establecer objetivos claros al mismo tiempo que se esfuerza por alcanzarlos. Esto significa que una persona debe tener una visión a largo plazo y planificar y ejecutar una estrategia para alcanzar sus metas financieras.

Una persona debe ser consciente de sus ingresos, gastos, ahorros e inversiones. Esto significa que debe desarrollar hábitos saludables para el manejo del dinero para asegurarse de que está usando su dinero de una manera que le permita alcanzar sus objetivos financieros. Esto significa también que debe estar dispuesto a tomar riesgos calculados para asegurarse de que está haciendo inversiones que le ayuden a alcanzar sus metas financieras.

Una vez que una persona ha alcanzado la libertad financiera, debe trabajar para mantener su situación financiera. Esto significa que debe seguir ahorrando dinero y haciendo inversiones inteligentes para asegurarse de que su situación financiera sigue siendo sostenible y segura. Esto significa también que debe seguir estableciendo metas financieras a largo plazo para asegurarse de que está avanzando hacia sus objetivos financieros.

La libertad financiera es un estado muy codiciado por la mayoría de las personas. Esto significa que una persona tiene suficiente flexibilidad financiera para tomar decisiones importantes en su vida sin estar sometida a ninguna presión externa. Esto significa que una persona tiene suficientes recursos para vivir de forma segura y para alcanzar sus objetivos financieros. Esto significa también que una persona puede disfrutar de la vida sin tener que preocuparse por el dinero. Por lo tanto, la libertad financiera ofrece la oportunidad de alcanzar el bienestar financiero y una vida plena y satisfactoria.

Las 10 mejores estrategias para conseguir la libertad financiera con recursos digitales

A continuación, explicaremos las 10 mejores estrategias para conseguir la libertad financiera con recursos digitales o plataformas de internet y con poca o ninguna inversión inicial. Estas estrategias pueden ser una forma segura y rentable de lograr la libertad financiera.

1. Crear contenido en línea

La libertad financiera es un concepto que muchas personas buscan; sin embargo, tomar el camino para llegar a ella puede ser intimidante y parecer imposible. Afortunadamente, hay formas de alcanzar la libertad financiera sin tener que invertir grandes cantidades de dinero. Una de las formas más efectivas para lograr esto es desarrollar contenido en línea. Esto le permite a la persona ganar dinero desde la comodidad de su hogar y convertir su contenido en una fuente de ingresos pasivos.

El contenido en línea puede tomar diversas formas, como publicaciones en blogs, podcasts, vídeos, e-books, cursos en línea, entre otros. Estos contenidos se pueden vender directamente a través de un sitio web, o bien compartirse en plataformas sociales para llegar a una audiencia más amplia. Existen también programas de afiliados que permiten a una persona ganar dinero promocionando productos de terceros.

La primera etapa para desarrollar contenido en línea y alcanzar la libertad financiera es definir un objetivo. Esto significa que una persona debe tener una idea clara de qué es lo que quiere lograr con su contenido. Esto ayudará a enfocar el contenido, así como a determinar qué estrategia seguir para ganar dinero. Esto significa que una persona debe decidir si su contenido se venderá directamente, se promocionará a través de programas de afiliación, o se compartirá en plataformas sociales para obtener ingresos publicitarios.

Una vez que una persona ha definido su objetivo, puede comenzar a crear el contenido. Esto incluye definir el tema, recopilar recursos relevantes, escribir el contenido, editarlo, y finalmente publicarlo. La calidad del contenido es esencial para alcanzar la libertad financiera, así que una persona debe asegurarse de que su contenido sea de alta calidad. Esto significa que debe ser profesional, completo y útil para el lector.

Después de publicar su contenido, una persona debe comenzar a promocionarlo. Esto se puede hacer a través de redes sociales, anuncios pagos, publicaciones invitadas, correo electrónico, y cualquier otra forma de marketing que esté disponible. Esto ayudará a aumentar el alcance del contenido y a generar tráfico a la página web, lo cual es esencial para generar ingresos.

Finalmente, una persona debe encontrar formas de monetizar el contenido que ha creado. Esto significa encontrar formas de generar ingresos de su contenido, ya sea a través de la venta directa de productos, promoción de productos de afiliados, o publicidad en su sitio web. Esto puede requerir un poco de experimentación para encontrar el modelo de negocio más rentable para su contenido.

En conclusión, desarrollar contenido en línea puede ser una forma efectiva de alcanzar la libertad financiera. Esto incluye definir un objetivo, crear contenido de alta calidad, promocionarlo, y encontrar formas de monetizar el contenido. Si se sigue este proceso paso a paso, una persona puede lograr la libertad financiera a través de sus esfuerzos en línea.

2. Marketing de afiliación

El marketing de afiliación es una forma de ganar ingresos pasivos a través de la promoción de productos y servicios de terceros. Esta estrategia de marketing se ha vuelto muy popular entre los propietarios de negocios, pequeñas empresas y grandes compañías. El marketing de afiliación es una forma de generar ingresos pasivos para los propietarios de una empresa.

El marketing de afiliación implica que una empresa o negocio promocione los productos o servicios de un tercero a cambio de una comisión por cada venta realizada. Esto significa que, si una empresa promociona los productos o servicios de un tercero, recibirá una comisión por cada venta realizada. Si bien el marketing de afiliación implica un esfuerzo inicial, una vez que se establecen los acuerdos de afiliación, es posible generar ingresos pasivos de forma regular.

La clave para tener éxito con el marketing de afiliación es encontrar el nicho adecuado. Se recomienda encontrar un nicho que tenga una demanda sólida y que esté relacionado con el producto o servicio que se está promocionando. Esto permitirá a la empresa o negocio generar ingresos pasivos de forma consistente y sostenible.

Una vez que se haya encontrado el nicho adecuado, la próxima etapa es encontrar programas de afiliación que se ajusten a los objetivos establecidos.

Existen muchos programas de afiliación que se pueden utilizar para generar ingresos pasivos. Algunos programas permiten a los afiliados promocionar productos y servicios de forma directa, mientras que otros permiten a los afiliados generar ingresos por cada clic o por cada impresión. Algunos programas incluso permiten a los afiliados generar comisiones por referir a otros afiliados.

Una vez que se han seleccionado los programas de afiliación adecuados, se debe comenzar a promocionar los productos o servicios. Esto se puede hacer a través de la creación de contenido, el uso de las redes sociales, el marketing por correo electrónico, anuncios en línea, etc. El objetivo de esta etapa es generar tráfico de calidad hacia la página de promoción y, así, aumentar la cantidad de ventas realizadas.

En el momento en el que se han comenzado a generar ventas, es importante asegurarse de que los afiliados obtengan sus comisiones de forma oportuna. Esto significa que se debe establecer un mecanismo de seguimiento para asegurarse de que todas las transacciones se registren y se paguen a tiempo. Esto también ayudará a la empresa o negocio a mantener una relación saludable con los afiliados.

Para concluir, el marketing de afiliación puede ser una excelente manera de generar ingresos pasivos. Esto se debe a que los propietarios de una empresa o negocio pueden ganar dinero promocionando los productos y servicios de terceros.

Sin embargo, es importante tener en cuenta que el éxito con el marketing de afiliación depende de la correcta selección de productos y servicios, así como de establecer un mecanismo de seguimiento para asegurarse de que los afiliados sean pagados adecuadamente.

Si se siguen estos consejos, se pueden generar ingresos pasivos de forma consistente con el marketing de afiliación.

3. Comercio electrónico

La libertad financiera es el estado en el que una persona tiene suficientes activos para cubrir sus gastos sin tener que trabajar. Si bien hay muchos caminos para lograr este objetivo, comercializar productos en línea a través de una tienda de comercio electrónico puede ser una excelente forma de alcanzar la libertad financiera.

A continuación, se discutirán algunas estrategias útiles para lograr el éxito en el comercio electrónico y alcanzar la libertad financiera.

En primer lugar, es importante contar con una estrategia de marketing y publicidad bien diseñada. Esto significa establecer una plataforma de comunicación entre usted y sus clientes, así como también establecer formas de atraer nuevos clientes.

Esto puede lograrse a través de una variedad de métodos, como el marketing de contenidos, el marketing de afiliados, el análisis de datos y la publicidad en línea. Al establecer una estrategia de marketing sólida, se pueden aumentar las ventas y los ingresos, lo que conducirá a un mayor nivel de libertad financiera.

En segundo lugar, es importante establecer una infraestructura de negocios sólida. Esto significa contar con una plataforma de comercio electrónico fiable que sea segura y robusta. Esta plataforma debe tener un diseño intuitivo y una interfaz de usuario atractiva, además de una variedad de características que faciliten el proceso de compra.

La plataforma también debe estar protegida contra ciberataques y contar con un sistema de seguridad para los datos de los clientes. Al contar con una infraestructura de negocios sólida, se garantizará un mayor nivel de confianza entre los clientes y los negocios, lo que mejorará la calidad de los productos y servicios ofrecidos.

En tercer lugar, es importante contar con una estrategia de precios acertada. Esto significa establecer precios justos para sus productos, que sean atractivos para los clientes, al tiempo que proporcionan una ganancia razonable para el negocio.

Esto significa que es importante monitorear los precios de la competencia y ajustar los precios en consecuencia. También es importante ofrecer descuentos y ofertas especiales de vez en cuando para atraer a los clientes. Esto aumentará la cantidad de ventas, lo que conducirá a una mayor libertad financiera.

En cuarto lugar, es importante contar con un sistema de atención al cliente efectivo. Esto significa ofrecer una variedad de opciones de contacto, como correo electrónico, chat en vivo, teléfono, etc. Esto permitirá a los clientes obtener respuestas a sus preguntas y problemas rápidamente, lo que mejorará la satisfacción de los clientes y mejorará la calidad general de los productos y servicios ofrecidos.

Finalmente, es importante contar con un sistema de análisis de datos. Esto significa que es necesario monitorear y analizar los datos de los clientes, los datos de las ventas y los datos de la competencia. Esto le permitirá obtener una mejor comprensión de sus clientes y de su mercado, y le ayudará a tomar mejores decisiones de negocios para aumentar las ventas y los ingresos.

En conclusión, comercializar productos en línea a través de una tienda de comercio electrónico puede ser una excelente forma de alcanzar la libertad financiera. Esto se logra a través de la implementación de una estrategia de marketing y publicidad sólida, la creación de una infraestructura de negocios robusta, la establecimiento de precios justos, el ofrecimiento de un sistema de atención al cliente efectivo y el uso de un sistema de análisis de datos.

Si se siguen estas estrategias, se puede lograr un nivel óptimo de libertad financiera.

4. Crear un curso en línea

La libertad financiera es uno de los conceptos más deseados por las personas, especialmente aquellas que tienen problemas para administrar sus finanzas. Esto se debe a que la libertad financiera significa tener el control sobre sus propias finanzas, en lugar de estar atado a una situación financiera negativa. La libertad financiera es una meta deseable para todos aquellos que desean tener una vida financiera estable y saludable. Cuando se alcanza la libertad financiera, uno puede disfrutar de beneficios tales como la seguridad financiera, la independencia y la tranquilidad mental.

Sin embargo, alcanzar la libertad financiera no es algo que se logre en un día. Se requiere un plan de acción estratégico y la disciplina para llevar a cabo acciones que te lleven hacia tu objetivo. Una de las formas más efectivas de conseguir la libertad financiera es a través de la creación de cursos en línea. Estos cursos pueden ser diseñados para enseñar a los estudiantes los principios básicos de administración de finanzas, cómo invertir inteligentemente y cómo administrar el dinero de manera eficiente.

Debido a que los cursos en línea son una forma rentable de transmitir información y enseñar a las personas a ser más responsables con sus finanzas, esta guía explicará cómo crear cursos en línea para alcanzar la libertad financiera. Esta guía se dividirá en tres secciones. La primera sección explicará cómo seleccionar el tema y los contenidos del curso. La segunda sección se centrará en la creación de un plan de estudio eficaz. La tercera sección se centrará en la promoción del curso.

Seleccionar un tema y contenido del curso

Es importante seleccionar un tema y contenido para el curso que sea relevante para el objetivo de alcanzar la libertad financiera. Algunos temas populares incluyen cómo ahorrar dinero, cómo invertir de manera inteligente, cómo administrar el dinero de manera eficiente y cómo reducir la deuda. Estos temas son importantes para aquellos que desean alcanzar la libertad financiera, por lo que es importante incluir contenido sobre ellos en el curso.

Además, es importante que el contenido sea interesante y estimulante. Esto significa que el contenido debe contener consejos útiles, ejemplos prácticos y herramientas para que los estudiantes puedan poner en práctica lo que están aprendiendo.

También es importante tener en cuenta el nivel de conocimiento de los estudiantes para asegurarse de que el contenido del curso sea lo suficientemente simple como para que los principiantes puedan entenderlo, pero también lo suficientemente complejo como para que los estudiantes avanzados puedan aprender nuevas habilidades.

Crear un plan de estudio eficaz

Una vez que se haya seleccionado el contenido del curso, es importante crear un plan de estudio que sea eficaz. El plan de estudio debe incluir todos los temas que se van a cubrir en el curso, así como los objetivos educativos para cada uno de los temas. Además, el plan de estudio debe incluir una lista de lecturas, asignaciones, proyectos y exámenes para ayudar a los estudiantes a comprender mejor el contenido.

Es importante proporcionar a los estudiantes herramientas para ayudarles a aprender. Esto puede incluir tutoriales de vídeo, juegos interactivos y herramientas de seguimiento de progreso para asegurarse de que los estudiantes estén avanzando y comprendiendo el contenido del curso.

Además, es importante proporcionar a los estudiantes un sistema de soporte para que puedan preguntar preguntas, obtener ayuda y recibir retroalimentación sobre sus proyectos.

Promover el curso

Una vez que el curso esté completo, es importante promoverlo para que los estudiantes puedan encontrarlo. Esto puede incluir la creación de un sitio web para el curso, el uso de las redes sociales para promover el curso y la publicidad en línea para llegar a una audiencia más amplia. También es importante proporcionar una prueba gratuita del curso para permitir que los estudiantes prueben el contenido antes de comprar el curso.

Además, es importante proporcionar a los estudiantes una garantía de devolución del dinero para asegurarse de que los estudiantes se sientan seguros al comprar el curso. Esto ayudará a crear una sensación de confianza en el curso y aumentará las posibilidades de que los estudiantes lo compren.

En conclusión, la libertad financiera es una meta deseable para aquellos que desean ser más responsables con sus finanzas. Sin embargo, alcanzar la libertad financiera no es algo que se logre en un día. Se requiere un plan de acción estratégico y la disciplina para llevar a cabo acciones que te lleven hacia tu objetivo. Una de las formas más efectivas de conseguir la libertad financiera es a través de la creación de cursos en línea.

Esta guía explicó cómo seleccionar un tema y contenido para el curso, cómo crear un plan de estudio eficaz y cómo promover el curso para llegar a una audiencia más amplia. Siguiendo estas pautas, cualquier persona puede crear un curso en línea para alcanzar la libertad financiera.

5. Crowdfunding

La libertad financiera es un objetivo común que muchas personas anhelan alcanzar. Es el deseo de ser financieramente independiente, sin tener que preocuparse por los problemas financieros y tener la libertad de tomar decisiones sin estar limitado por el dinero. Sin embargo, conseguir la libertad financiera no es una tarea fácil. Requiere una gran cantidad de trabajo duro, dedicación y disciplina financiera.

Una forma cada vez más popular para ayudar a las personas a alcanzar la libertad financiera es el uso de plataformas de crowdfunding online. Estas plataformas ofrecen a los inversores la oportunidad de recaudar fondos de una amplia gama de inversores interesados, lo que permite a las personas recaudar los fondos que necesitan para alcanzar sus objetivos financieros.

A continuación, se explicará cómo se puede lograr la libertad financiera utilizando plataformas de crowdfunding online.

En primer lugar, es importante entender cómo funcionan las plataformas de crowdfunding online. Estas plataformas permiten que los inversores publiquen un proyecto y recauden fondos para financiarlo. Los inversores pueden recaudar fondos de varias fuentes, como donantes, inversores individuales, empresas y otros. Esto significa que hay una gran cantidad de fondos disponibles para invertir.

Los inversores pueden usar estos fondos para financiar una amplia variedad de proyectos, desde negocios, inversiones a largo plazo, proyectos inmobiliarios, educación y asistencia financiera. Esto significa que hay muchas opciones para los inversores que buscan recaudar fondos para alcanzar la libertad financiera.

Una vez que los inversores han decidido qué proyecto financiar, deben asegurarse de que su campaña de crowdfunding esté bien diseñada y diseñada para atraer a los inversores correctos. Esto significa que los inversores deben tener una buena comprensión de quiénes son sus inversores potenciales y qué proyecto puede ser atractivo para ellos.

Esto incluye la preparación de un plan de negocio sólido, una descripción detallada de la inversión y una estrategia de promoción de crowdfunding adecuada para atraer a los inversores correctos. Una vez que los inversores han diseñado su campaña, deben publicarla en una plataforma de crowdfunding online para obtener la máxima exposición.

Una vez que la campaña de crowdfunding está en curso, los inversores deben asegurarse de que su proyecto reciba la atención adecuada de los inversores correctos. Esto puede incluir la creación de contenido de calidad relacionado con el proyecto, la creación de perfiles de redes sociales para promocionar el proyecto y el uso de anuncios pagados para atraer a inversores potenciales. Además, los inversores deben trabajar para asegurarse de que los inversores entiendan por qué el proyecto es una buena inversión y que los incentivos de la campaña sean atractivos.

Una vez que se han recaudado los fondos necesarios para financiar el proyecto y la campaña ha sido exitosa, los inversores deben asegurarse de que el proyecto sea rentable. Esto significa que los inversores deben gastar el dinero recaudado con sabiduría para obtener el máximo beneficio de la inversión. Esto significa que los inversores deben invertir el dinero recaudado en proyectos rentables que ofrezcan una tasa de retorno atractiva. Esto puede incluir la inversión en bienes raíces, inversiones a largo plazo, negocios y otros proyectos rentables.

Al invertir en proyectos rentables, los inversores deben asegurarse de que los proyectos sean exitosos. Esto significa que los inversores deben seguir una estrategia de administración de riesgos para asegurarse de que los proyectos sean rentables y mantengan su valor. Esto significa que los inversores deben monitorear los proyectos de cerca y tomar medidas para asegurarse de que los proyectos sean exitosos. Esto incluye la evaluación de los costos y beneficios de los proyectos, así como el análisis de los riesgos asociados con los proyectos.

Una vez que los proyectos son exitosos y rentables, los inversores pueden comenzar a disfrutar de los beneficios de la libertad financiera. Esto significa que los inversores pueden comenzar a disfrutar de la libertad de tomar decisiones financieras sin estar limitados por el dinero.

Esto significa que los inversores pueden usar sus ganancias para mejorar su estilo de vida, invertir en proyectos rentables, ahorrar para el futuro y disfrutar de un estilo de vida financieramente estable.

En conclusión, el uso de plataformas de crowdfunding online puede ser una forma eficaz de ayudar a las personas a alcanzar su libertad financiera. Estas plataformas ofrecen una amplia variedad de opciones para los inversores y permiten que los inversores recauden los fondos necesarios para financiar sus proyectos con una amplia gama de inversores interesados.

Además, los inversores deben asegurarse de que los proyectos sean rentables y exitosos para que puedan disfrutar de los beneficios de la libertad financiera.

6. Inversión en criptomonedas

Invirtiendo en criptomonedas se puede alcanzar la libertad financiera a medida que se acumula un capital y se generan ingresos pasivos.

Las criptomonedas son una forma de dinero digital que se utiliza para realizar transacciones en línea. Existen muchas criptomonedas diferentes, incluidas Bitcoin, Ethereum, Ripple, Litecoin, Dash y Monero. Estas criptomonedas son muy volátiles, lo que significa que su precio puede subir y bajar rápidamente, lo que las hace una inversión arriesgada.

Para alcanzar la libertad financiera invirtiendo en criptomonedas, primero es importante entender cómo funcionan estas criptomonedas. Al igual que con cualquier otra inversión, es importante hacer una investigación exhaustiva antes de invertir en criptomonedas.

Esto significa estudiar el historial de precios de la criptomoneda, leer las noticias relacionadas con la criptomoneda, y conocer los fundamentos técnicos y fundamentales de la criptomoneda. Una vez que se tenga una comprensión básica de cómo funcionan las criptomonedas, se puede comenzar a invertir.

Una forma común de invertir en criptomonedas es comprar criptomonedas directamente de un intercambio de criptomonedas. Muchos intercambios ofrecen la capacidad de comprar criptomonedas directamente con dinero fiduciario o con otras criptomonedas.

Esta es una forma fácil de obtener criptomonedas, pero también conlleva muchos riesgos. Asegúrese de realizar una investigación exhaustiva antes de invertir en un intercambio específico.

Otra forma de invertir en criptomonedas es a través de un fondo de criptomonedas. Los fondos de criptomonedas son una inversión pasiva en la que un inversor invierte su dinero en una cartera diversificada de criptomonedas.

Esta es una forma más segura de invertir en criptomonedas, ya que el inversor no necesita realizar una investigación exhaustiva para cada criptomoneda individual.

Otra forma de alcanzar la libertad financiera invirtiendo en criptomonedas es la minería de criptomonedas. La minería de criptomonedas es el proceso de confirmar transacciones de criptomonedas usando hardware especializado.

Los mineros reciben una recompensa en la forma de nuevas criptomonedas por cada transacción confirmada. Esto significa que los mineros se acumulan criptomonedas a medida que minan.

Si bien la minería de criptomonedas es una forma arriesgada de invertir, también es una forma de ganar dinero pasivo a medida que se minan criptomonedas.

Otra forma de invertir en criptomonedas es a través de los contratos por diferencia (CFD). Los CFD son un producto financiero que le permite a un inversor especular sobre el precio de un activo sin tener que poseerlo.

Esto le da al inversor la oportunidad de obtener un beneficio si el precio de la criptomoneda sube o baja. Sin embargo, los CFD también son arriesgados y conllevan el riesgo de perder el capital invertido.

Además de comprar criptomonedas directamente, los inversores también pueden involucrarse en el comercio de criptomonedas.

El comercio de criptomonedas se refiere a la compra y venta de criptomonedas con el objetivo de obtener un beneficio. Esta es una forma arriesgada de invertir, ya que los precios de las criptomonedas cambian constantemente. Por lo tanto, es importante que los inversores sean conscientes de los riesgos y aprendan a manejar el comercio de criptomonedas antes de comenzar a operar.

También es importante tener en cuenta los impuestos cuando se invierte en criptomonedas.

Los impuestos sobre la renta deben pagarse sobre los ingresos generados por la inversión en criptomonedas. Por lo tanto, es importante que los inversores mantengan un registro de todas sus transacciones para pagar los impuestos adecuadamente.

En resumen, alcanzar la libertad financiera invirtiendo en criptomonedas es un objetivo a largo plazo para muchas personas. Invirtiendo en criptomonedas, los inversores pueden acumular un capital y generar ingresos pasivos que les permitan alcanzar la libertad financiera.

Sin embargo, antes de invertir en criptomonedas, es importante que los inversores entiendan cómo funcionan estas criptomonedas, realicen una investigación exhaustiva, comprendan los riesgos involucrados y entiendan los impuestos.

Si se siguen estos consejos, los inversores pueden alcanzar su objetivo de la libertad financiera invirtiendo en criptomonedas.

7. Trading de divisas

El trading de divisas implica comprar y vender monedas extranjeras con el fin de obtener beneficios de la variación de los precios de estas mismas. Esto se puede hacer mediante una cuenta de trading, una plataforma de trading y un broker. La mayoría de los brokers ofrecen spreads bajos y comisiones bajas, lo que significa que los traders pueden obtener ganancias sin tener que invertir una gran cantidad de capital.

El trading de divisas es una forma de inversión ideal para aquellos que deseen alcanzar la libertad financiera. Esto se debe a que el trading de divisas ofrece la oportunidad de generar ingresos pasivos, sin tener que pasar horas y horas trabajando. Esto significa que los traders pueden hacer trading mientras trabajan en otra cosa, lo que les permite ganar dinero sin tener que dedicar todo su tiempo.

Además, el trading de divisas ofrece a los traders la oportunidad de diversificar sus carteras de inversión. Esto significa que los traders pueden invertir en diferentes monedas al mismo tiempo, lo que les permite aumentar sus posibilidades de obtener beneficios.

Esto también significa que los traders pueden reducir el riesgo de su inversión, ya que pueden diversificar el riesgo al invertir en diferentes monedas.

La libertad financiera también se puede alcanzar con el trading de divisas mediante el uso de estrategias de trading. Estas estrategias permiten a los traders identificar y aprovechar los movimientos del mercado para obtener ganancias.
Estas estrategias incluyen el uso de análisis técnico y fundamental, el uso de diferentes órdenes de compra y venta, el uso de stop loss y take profit, y el uso de estrategias de gestión de riesgos. Esto significa que los traders pueden tomar decisiones informadas sobre sus operaciones y así aumentar sus posibilidades de obtener beneficios.

Además, el trading de divisas también permite a los traders obtener beneficios de la volatilidad del mercado. Esto significa que los traders pueden obtener ganancias a corto plazo, sin tener que esperar a que los precios se muevan a largo plazo. Esto significa que los traders pueden obtener ganancias sin tener que esperar demasiado tiempo.

Por último, el trading de divisas también ofrece a los traders la oportunidad de obtener ganancias sin tener que invertir una gran cantidad de capital.

Esto significa que los traders pueden empezar con una pequeña cantidad de dinero y así aumentar sus posibilidades de obtener beneficios. Esto significa que los traders no tienen que arriesgar una gran cantidad de dinero para empezar a invertir.

En conclusión, el trading de divisas es una excelente forma de alcanzar la libertad financiera. Esto se debe al hecho de que el trading de divisas ofrece la oportunidad de generar ingresos pasivos, diversificar su cartera de inversión, obtener ganancias con estrategias de trading, aprovechar la volatilidad del mercado y obtener ganancias sin tener que invertir una gran cantidad de capital.

8. Crear una aplicación móvil

Una de las formas más eficaces de alcanzar la libertad financiera es crear aplicaciones móviles.

Esto se debe a que la industria de las aplicaciones móviles está creciendo a un ritmo acelerado. Según un informe de App Annie, el gasto en aplicaciones móviles a nivel mundial aumentó un 25% entre 2019 y 2020.

A su vez, el número de descargas de aplicaciones alcanzó la cifra de 204 mil millones en 2020. Esto significa que hay una gran demanda de aplicaciones y que los desarrolladores que crean aplicaciones de calidad tienen la oportunidad de generar ingresos pasivos a través de publicidad, compras dentro de la aplicación y suscripciones.

En primer lugar, para alcanzar la libertad financiera a través de aplicaciones móviles, es importante tener una idea de negocio clara. Esto significa identificar un problema que existe en el mercado y desarrollar una solución única para ese problema. Esto le ayudará a crear una aplicación que se destaque de la competencia.

Además, también debe considerar la monetización de la aplicación. Esto significa decidir si la aplicación se venderá por un precio único o por suscripción, si se publicitarán anuncios en la aplicación, etc.

Una vez que tenga una idea clara, es importante comenzar a desarrollar su aplicación. Esto significa encontrar un equipo de desarrollo de aplicaciones móviles que pueda ayudarlo a convertir su idea en una aplicación real.

Esto incluye la identificación de un lenguaje de programación adecuado, la selección de una plataforma de desarrollo adecuada, el diseño de la interfaz de usuario, el diseño de la base de datos y la integración de la aplicación con otros servicios.

Una vez que la aplicación esté desarrollada, es importante probarla para garantizar que funcione correctamente. Esto significa probar la aplicación en varios dispositivos y sistemas operativos para asegurarse de que la aplicación se ejecuta correctamente. Además, es importante probar la aplicación para asegurarse de que los usuarios puedan interactuar con ella de manera intuitiva.

Una vez que la aplicación esté lista para el lanzamiento, es importante promocionarla para atraer a los usuarios. Esto significa crear una campaña publicitaria para promocionar la aplicación y también optimizarla para los motores de búsqueda para que los usuarios la encuentren fácilmente cuando busquen una aplicación similar.

Finalmente, una vez que la aplicación esté lanzada y los usuarios la estén usando, es importante seguir monitoreándola. Esto significa recopilar información sobre el comportamiento de los usuarios para identificar cualquier problema que pueda afectar el rendimiento de la aplicación. Esto le ayudará a mejorar la aplicación y garantizar que los usuarios sigan usándola.

En resumen, alcanzar la libertad financiera a través de aplicaciones móviles es posible si se siguen los pasos correctos.

Esto significa tener una idea de negocio clara, encontrar un equipo de desarrollo de aplicaciones móviles, probar la aplicación para garantizar que funcione correctamente, promocionarla para atraer a los usuarios y monitorear la aplicación para identificar cualquier problema que pueda afectar el rendimiento.

Si se siguen estos pasos, los desarrolladores podrán alcanzar la libertad financiera a través de sus aplicaciones móviles.

9. Invertir en bienes raíces

Alcanzar la libertad financiera es un objetivo asequible para cualquier persona que esté dispuesta a trabajar duro y ser disciplinada.

El camino a la libertad financiera es difícil pero no imposible. Una de las formas más exitosas de alcanzar la libertad financiera es invertir en bienes raíces.

Invertir en bienes raíces es una forma segura de generar ingresos pasivos y es una de las formas más fiables de alcanzar la libertad financiera. Se trata de comprar una propiedad para venderla más tarde a un precio más alto.

Esta forma de invertir es una de las más seguras y rentables, ya que los precios de las propiedades suelen aumentar a largo plazo.

Sin embargo, antes de invertir en bienes raíces, es importante hacer una buena investigación. Esto significa conocer el mercado inmobiliario local, el valor de la propiedad que se desea comprar, así como cualquier otra información relevante. Esto permitirá a los inversores tomar decisiones informadas sobre cuándo y dónde invertir.

Además, antes de invertir, es necesario tener un plan de inversión que establezca los objetivos a largo plazo. Esto facilitará el seguimiento de los resultados de la inversión y ayudará a mantener una estrategia disciplinada.

Una vez que se tenga un plan de inversión, se puede comenzar a buscar propiedades que se ajusten a los objetivos de inversión. El proceso de búsqueda puede ser a través de internet, de prensa local o de contactos personales.

Una vez que se haya encontrado una propiedad adecuada, se debe hacer una investigación a fondo para asegurarse de que se cumple con los requisitos legales y se obtiene el mejor precio.

Una vez que se haya adquirido la propiedad, el siguiente paso consiste en mejorarla y hacerla más atractiva para los compradores potenciales.

 Esto puede incluir mejoras en la estructura, la instalación de nuevos electrodomésticos, la remodelación de los interiores y la reforma de los exteriores.

Esto permitirá que la propiedad se venda a un precio superior al comprado inicialmente.

Una vez que la propiedad se haya mejorado lo suficiente, se puede comenzar a promocionarla. Esto puede incluir la publicación de anuncios en línea, en la prensa local o a través de contactos personales. Una vez que se haya encontrado un comprador potencial, se debe negociar el precio y cerrar el trato.

En cuanto el trato se haya cerrado con éxito, los beneficios obtenidos se pueden reinvertir en nuevas propiedades o en otros activos para obtener un flujo de ingresos pasivo. Esto permitirá a los inversores alcanzar su objetivo de libertad financiera a largo plazo.

En definitiva, invertir en bienes raíces es una de las formas más seguras de alcanzar la libertad financiera. Sin embargo, antes de invertir, es importante hacer una buena investigación para conocer el mercado local, tener un plan de inversión a largo plazo y mejorar la propiedad para aumentar su valor.
Al hacer esto, los inversores pueden tener éxito en su camino hacia la libertad financiera.

10. Invertir en acciones, fondos o ETF

El mercado de inversión ofrece una variedad de formas de invertir su dinero, como acciones, fondos o ETF. Invertir en acciones es comprar y vender acciones de una empresa para obtener beneficios. Los fondos de inversión son colecciones de activos como acciones, bonos y divisas, todos reunidos para ofrecer una diversificación a los inversores. Los ETF son fondos de inversión negociados en bolsa y suelen replicar los rendimientos de un índice.

Al elegir una forma de invertir, deberá considerar sus objetivos de inversión y su tolerancia al riesgo.

Las acciones tienen el mayor potencial de crecimiento, pero también tienen el mayor riesgo.

Los fondos de inversión ofrecen una mayor diversificación, pero los rendimientos varían dependiendo de la composición del fondo.

Los ETF ofrecen una diversificación de los rendimientos de un índice, pero los gastos de compra y mantenimiento pueden reducir los rendimientos.

Es importante que tenga en cuenta los costes de transacción al invertir en acciones, fondos o ETF. Estos costes pueden incluir honorarios por la gestión de la inversión, tarifas por la compra y venta de acciones, tarifas por fondos de inversión y tarifas por ETF. Estos costes suelen ser bajos, pero la suma de los costes puede reducir los rendimientos de sus inversiones.

Es fundamental que comprenda los riesgos y los costes asociados con cada tipo de inversión antes de tomar una decisión sobre dónde invertir. Investigue cuidadosamente sus opciones antes de invertir y busque asesoramiento financiero si es necesario.

Acciones

Las acciones son una forma de inversión en la que una persona compra una parte de una empresa. Al comprar acciones, un inversor se convierte en un propietario de una empresa, lo que significa que recibirá una parte de los ingresos y ganancias de la empresa. Estas ganancias pueden llegar a ser considerablemente altas si la empresa es exitosa.

La mejor manera de invertir en acciones es comprando acciones de empresas estables y de buena reputación. Esto significa buscar empresas que hayan estado en el mercado por un largo período de tiempo y que tengan un historial de resultados sólidos.

También es importante buscar empresas que sean líderes en su industria y que ofrezcan un buen servicio al cliente.

Una vez que se haya encontrado una empresa que se ajuste a los criterios anteriores, el siguiente paso es comprar la cantidad adecuada de acciones para cumplir con los objetivos financieros. Si se desea alcanzar la libertad financiera, se recomienda comprar una cantidad suficiente para generar un ingreso pasivo sostenible.

 Esto significa que el inversor debe asegurarse de que la cantidad de ingresos generada por las acciones sea suficiente para cubrir todos sus gastos.

Una vez que se hayan comprado las acciones, el inversor debe mantener un control sobre el precio de los títulos. Esto se puede hacer mediante el seguimiento de los resultados de la empresa y los cambios en el mercado.

Si el precio de las acciones aumenta, el inversor podrá venderlas por un precio más alto y así obtener una ganancia.

Si el precio cae, el inversor puede decidir mantener las acciones hasta que el precio vuelva a subir.

Fondos

Los fondos también son una forma de inversión que se puede utilizar para alcanzar la libertad financiera. Los fondos son una colección de diferentes inversiones, como acciones, bonos, materias primas o monedas. Estas inversiones se combinan para formar un solo fondo, lo que permite a los inversores diversificar su cartera.

Los fondos se pueden dividir en dos categorías principales: los fondos de inversión pasiva y los fondos de inversión activa.

Los fondos de inversión pasiva son aquellos que se basan en un índice de mercado, como el S&P 500, el que replica el rendimiento del índice sin hacer ninguna asignación de activos. Estos fondos ofrecen una forma sencilla de invertir en una amplia gama de activos sin tener que hacer ninguna selección de inversiones individuales.

Los fondos de inversión activa, por otro lado, son aquellos que están gestionados por un equipo de profesionales que realizan una selección y asignación de activos para buscar el mejor rendimiento posible para sus inversores. Estos fondos suelen tener una mayor comisión de gestión, pero también pueden ofrecer un mayor potencial de rendimiento.

Para alcanzar la libertad financiera invirtiendo en fondos, los inversores deben buscar fondos que ofrezcan una relación riesgo-rendimiento equilibrada. Esto significa que los fondos deben ofrecer un rendimiento potencial adecuado para el riesgo que se está asumiendo.

También es importante buscar fondos con comisiones de gestión bajas, ya que esto maximizará el rendimiento potencial.

ETF

Los ETF son otra forma de inversión que se puede utilizar para alcanzar la libertad financiera. Los ETF son fondos cotizados en bolsa que se componen de una variedad de activos, como acciones, bonos, materias primas o monedas. Al igual que los fondos, los ETF ofrecen una forma sencilla de diversificar una cartera.

Al igual que con los fondos, los ETF también se pueden dividir en dos categorías principales: los ETF de inversión pasiva y los ETF de inversión activa.

Los ETF de inversión pasiva se basan en un índice de mercado, mientras que los ETF de inversión activa están gestionados por un equipo de profesionales.

Para alcanzar la libertad financiera invirtiendo en ETF, los inversores deben buscar ETF con un buen rendimiento potencial y una relación riesgo-rendimiento equilibrada. También es importante buscar ETF con comisiones de gestión bajas para maximizar el potencial de rendimiento.

Una vez que un inversor haya encontrado un ETF que se ajuste a sus necesidades, el siguiente paso es comprar una cantidad suficiente de acciones para generar un ingreso pasivo sostenible.

Esto significa que el inversor debe asegurarse de que la cantidad de ingresos generada por los ETF sea suficiente para cubrir todos sus gastos.

En conclusión, para alcanzar la libertad financiera, los inversores deben invertir en una variedad de activos, como acciones, fondos y ETF.

 Estas inversiones deben tener un buen rendimiento potencial y una relación riesgo-rendimiento equilibrada. Además, los inversores deben asegurarse de comprar una cantidad suficiente de acciones para generar un ingreso pasivo sostenible.

 Si se siguen estos pasos, se puede lograr la libertad financiera.

Conclusión

En conclusión, la libertad financiera es un objetivo posible para todos, pero requiere compromiso, disciplina y perseverancia. A lo largo de este libro, hemos analizado diez formas distintas de alcanzar este objetivo.

Estas formas incluyen el ahorro, el alquiler, la inversión, la reducción de gastos, la reducción de impuestos, la diversificación de los ingresos, el inicio de un negocio, el aumento de los ingresos, la creación de activos y el desarrollo de habilidades financieras. Cada una de estas formas puede ayudarle a trabajar hacia su libertad financiera.

Sin embargo, es importante recordar que ninguna de estas diez formas en sí mismas garantiza la libertad financiera. En lugar de eso, es necesario un enfoque integrado para alcanzar el objetivo. Usted debe elegir las formas que funcionen mejor para su situación y luego tomar acciones concretas para llevarlas a cabo.

Esto significa establecer metas realistas, hacer ajustes a su presupuesto, invertir sabiamente, reducir sus gastos, trabajar duro para aumentar sus ingresos y desarrollar habilidades financieras.

La libertad financiera es un viaje y no un destino. Dado que los mercados y las economías cambian constantemente, debe estar preparado para adaptarse. La disciplina, la determinación y la paciencia serán sus mejores amigos en el camino hacia la libertad financiera. Si se compromete a seguir un plan a largo plazo, pronto comenzará a ver los resultados.

¡Buena suerte!

www.ingramcontent.com/pod-product-compliance
Lightning Source LLC
Chambersburg PA
CBHW070320220526
45465CB00013B/1972